Meu Grande Livro de Aventuras

No rastro da baleia 4
Ilustrado por Richard Watson

Onde está o Urso? 32
Ilustrado por Emma Levey

A incrível aventura do T. rex 60
Ilustrado por Pauline Reeves

A grande caça aos insetos 88
Ilustrado por Maxine Lee

Uma rápida perseguição espacial 116
Ilustrado por Genie Espinosa

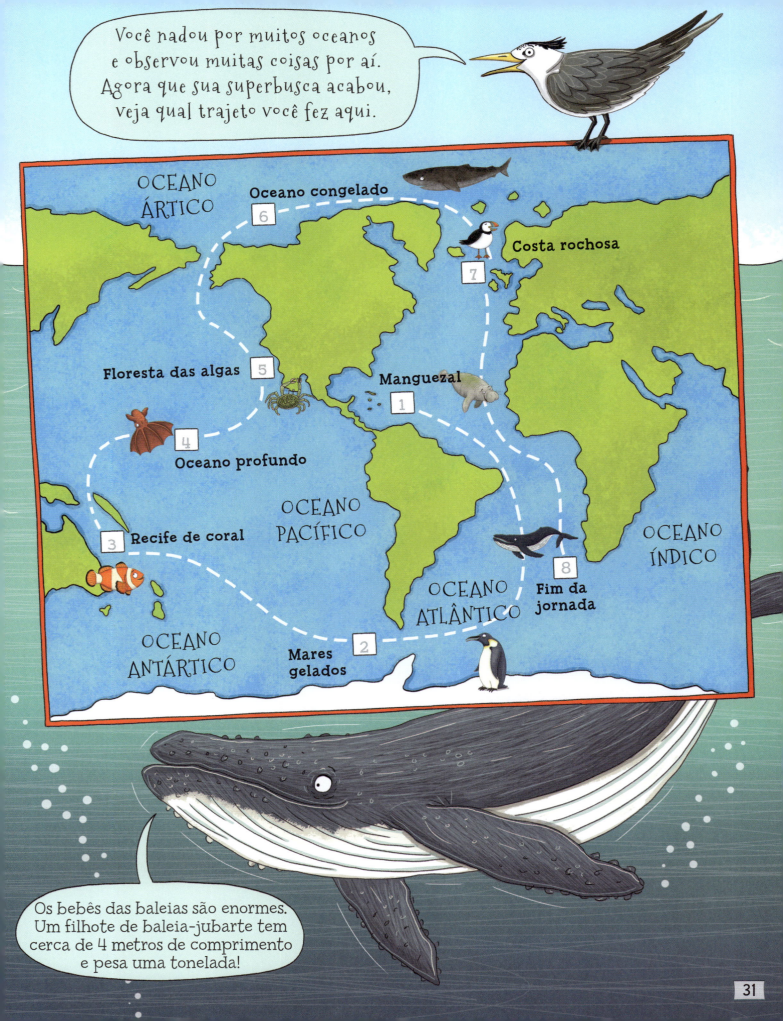

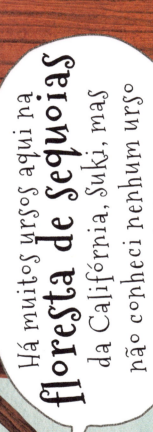

Há muitos ursos aqui na **floresta de sequoias** da Califórnia, Suki, mas não conheci nenhum urso chamado Pingo.

Se você não é o Pingo, quem é você?

Eu sou um **urso-negro**. Estou arrancando a casca desta árvore para encontrar insetos suculentos escondidos debaixo dela.

Se você relacionar os animais às descrições, chegará até uma coruja que poderá ajudar. Eu sou uma **tâmia-de-bochechas-amarelas**. Subo em árvores para encontrar insetos, sementes, folhas, nozes e flores para comer. Eu moro em uma toca aconchegante ao pé desta árvore.

Minhas listras mostram que posso picar. Faço BZZZ sempre ao cantar. **O que eu sou?**

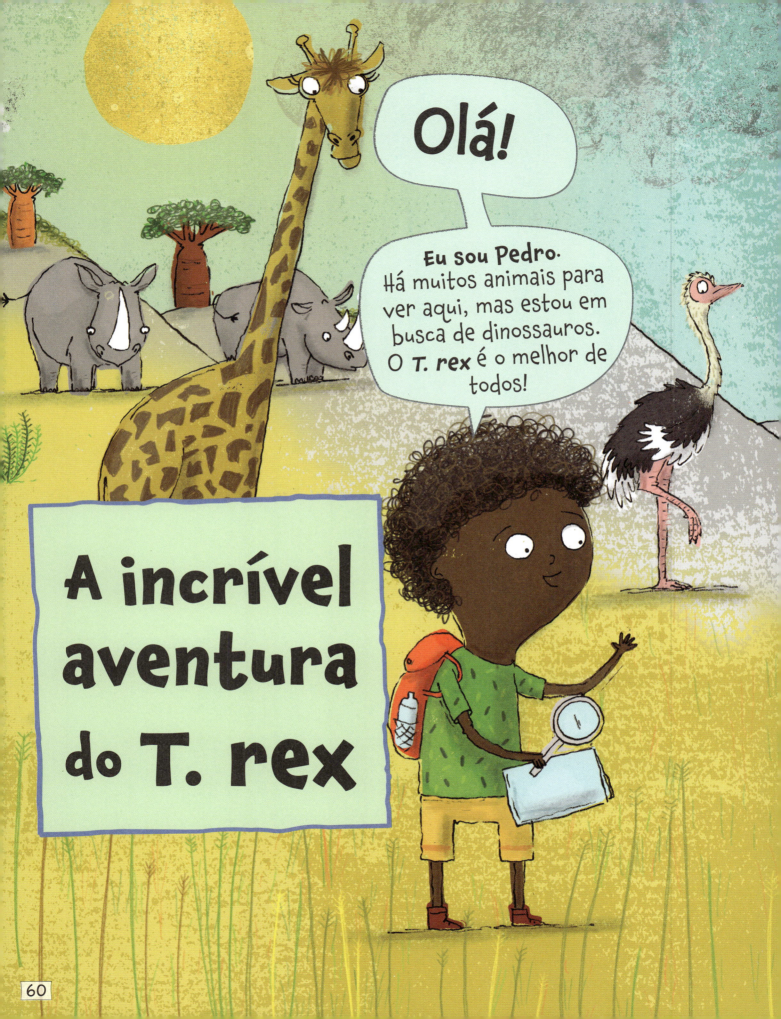

Que tal testarmos suas habilidades de observação?

Você fez uma incrível jornada e conheceu muitas criaturas. Marque abaixo tudo o que você viu nesta divertida aventura!

Placerias ☐   Riojassauro ☐   Melanossauro ☐   Postosuchus ☐

Dicinodonte ☐   Triadobatrachus ☐   Archaeolepis mane ☐   Scelidosaurus ☐

Barionix ☐   Iguanodonte ☐   Microraptor ☐   Hesperórnis ☐

Pteranodonte ☐   Amonite ☐   Stygimoloch ☐   Estegoceras ☐

Acanthisitta ☐   Quetzalcoatlo ☐   Velocirraptor ☐   Ichthyornis ☐

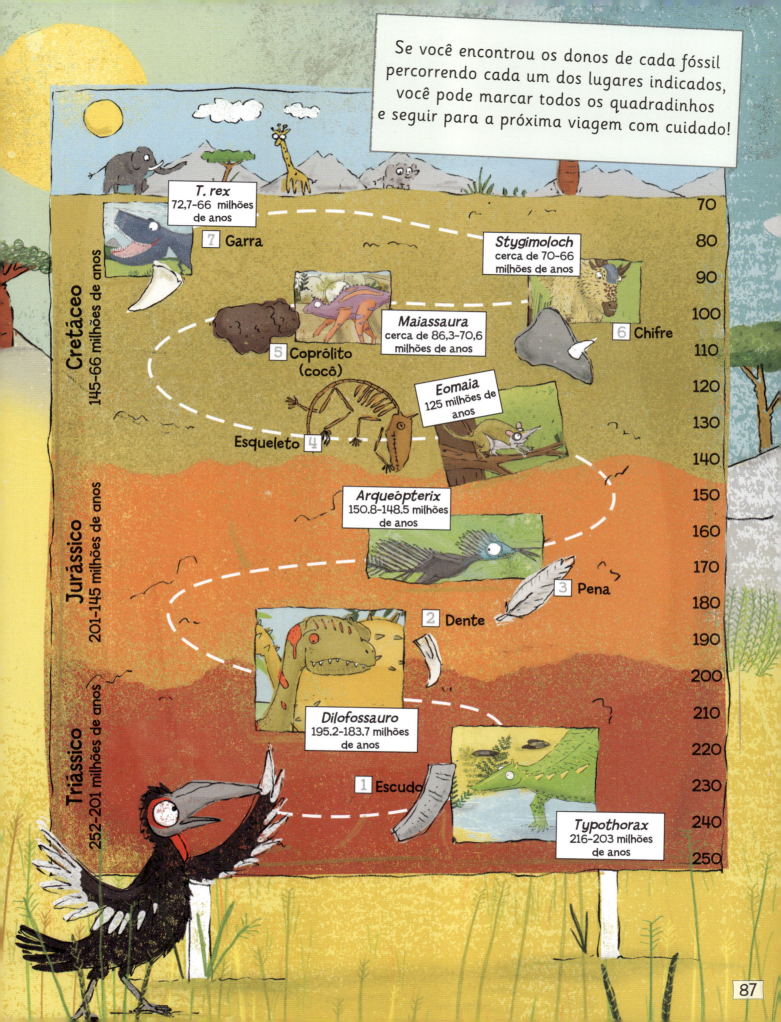

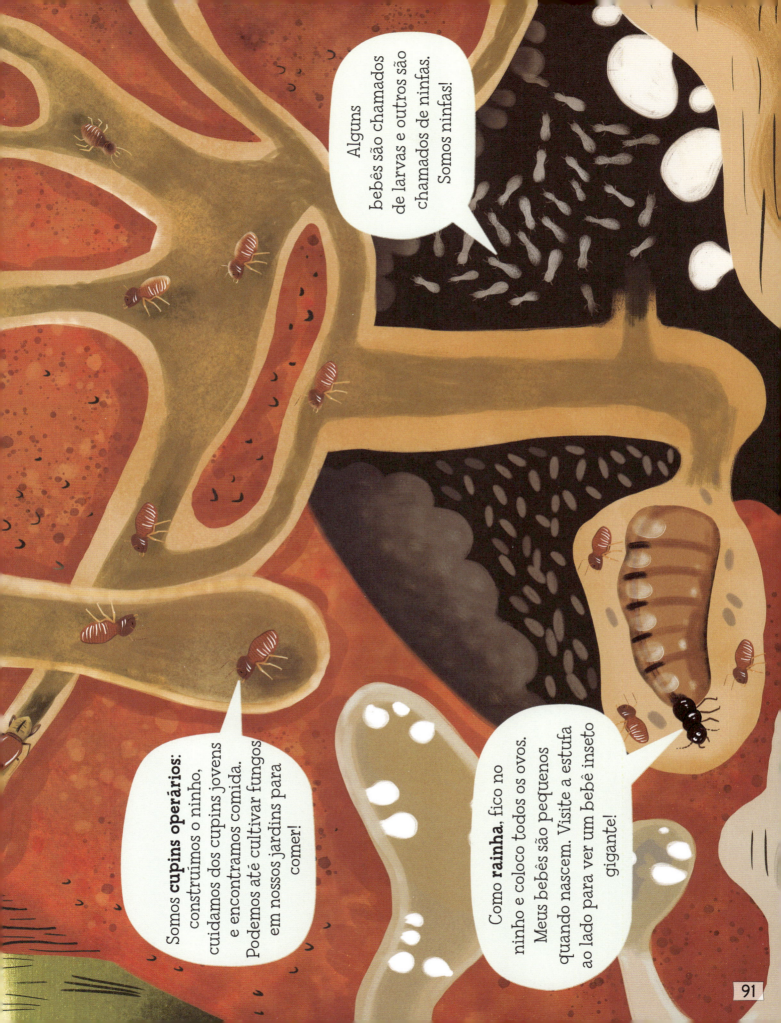

Que tal testarmos suas habilidades de observação?

Você fez uma incrível jornada e conheceu muitas criaturas. Marque abaixo tudo o que você viu nesta divertida aventura!

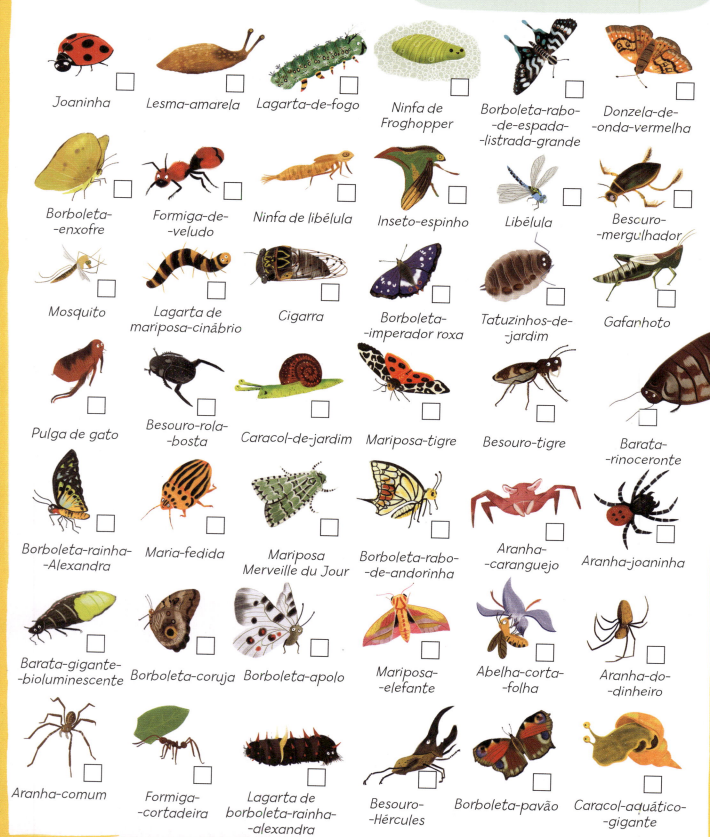

- Joaninha
- Lesma-amarela
- Lagarta-de-fogo
- Ninfa de Froghopper
- Borboleta-rabo-de-espada-listrada-grande
- Donzela-de-onda-vermelha
- Borboleta-enxofre
- Formiga-de-veludo
- Ninfa de libélula
- Inseto-espinho
- Libélula
- Besouro-mergulhador
- Mosquito
- Lagarta de mariposa-cinábrio
- Cigarra
- Borboleta-imperador roxa
- Tatuzinhos-de-jardim
- Gafanhoto
- Pulga de gato
- Besouro-rola-bosta
- Caracol-de-jardim
- Mariposa-tigre
- Besouro-tigre
- Barata-rinoceronte
- Borboleta-rainha-Alexandra
- Maria-fedida
- Mariposa Merveille du Jour
- Borboleta-rabo-de-andorinha
- Aranha-caranguejo
- Aranha-joaninha
- Barata-gigante-bioluminescente
- Borboleta-coruja
- Borboleta-apolo
- Mariposa-elefante
- Abelha-corta-folha
- Aranha-do-dinheiro
- Aranha-comum
- Formiga-cortadeira
- Lagarta de borboleta-rainha-alexandra
- Besouro-Hércules
- Borboleta-pavão
- Caracol-aquático-gigante

UMA RÁPIDA PERSEGUIÇÃO ESPACIAL

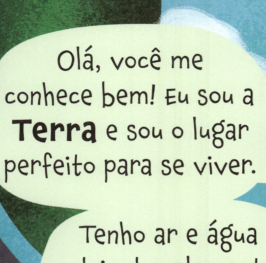

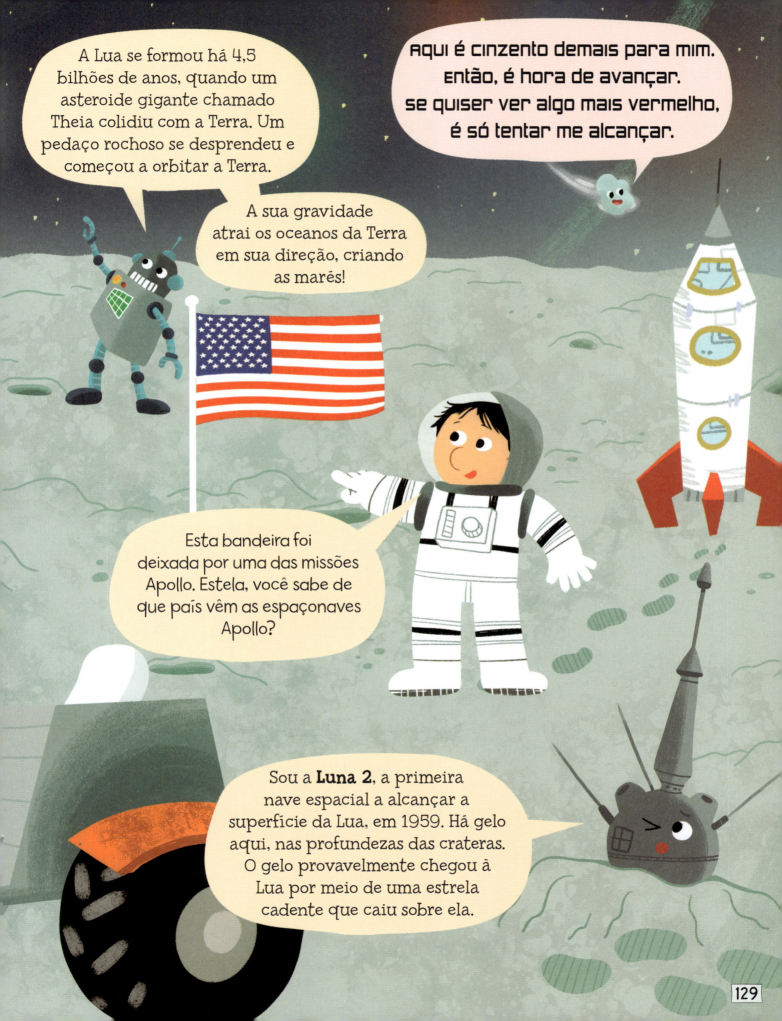

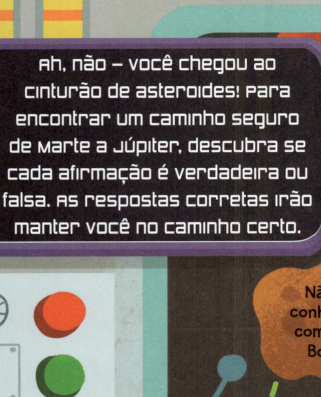

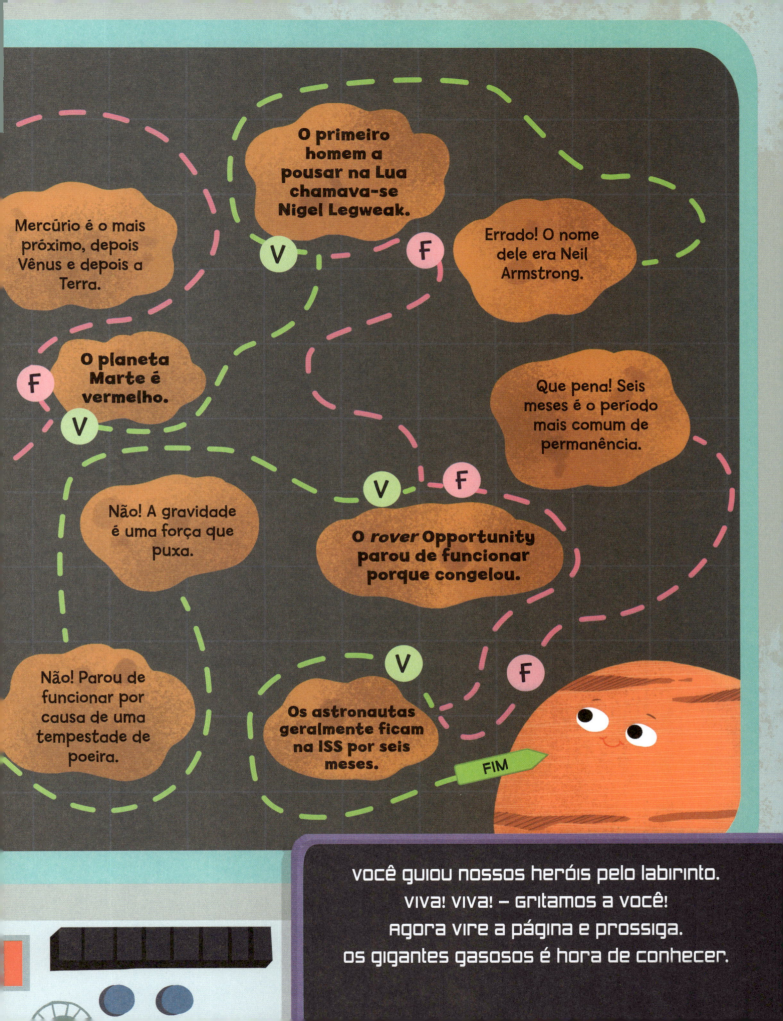

Uau, Estela, você fez um ótimo trabalho ao guiar a espaçonave através do Cinturão de Asteroides.

Sou **Júpiter**, o maior planeta do Sistema Solar. Você pousou em Io, uma das minhas muitas luas.

Meu nome é **Europa**, e a camada de gelo que me cobre tem até 10 quilômetros de espessura. Abaixo dela, existem enormes oceanos cheios de água, que podem conter vida! Você terá que vir me visitar um dia para descobrir.

Existem vulcões por toda parte – mas pelo menos Io é feita de rocha sólida! Júpiter não tem nenhuma "terra" para pousarmos – apenas gases rodopiantes com enormes tempestades chicoteando sua superfície.

Posso ver uma de suas tempestades gigantes, Júpiter – a Mancha Vermelha. Eu li que é um furacão duas vezes maior que a Terra e que já dura um século. Quantos anos isso representa – 10 ou 100?

Bem-vindo à minha órbita! Sou **Saturno**, o segundo maior planeta do Sistema Solar.

Um ano para mim dura quase 30 anos terrestres. Cinco naves espaciais já me visitaram, mas nenhuma conseguiu pousar sobre mim, pois sou feito de gás, assim como Júpiter. Eu tenho mais de 50 luas. Quantas você consegue ver?

Saturno gira mais rápido que a Terra, por isso, um dia aqui tem menos de 11 horas. Quantas horas tem um dia terrestre?

Não chegue muito perto! No céu de Saturno, há relâmpagos e tempestades incríveis. Elas duram meses e lançam 10 raios brilhantes a cada segundo.

Sou **Titã** e também não é seguro pousar em mim. Tenho lagos e oceanos, mas eles estão cheios de compostos químicos fatais. Aqui, as gotas de chuva são tão grandes quanto bolinhas de gude.

Que tal testarmos suas habilidades de observação?

Você fez uma incrível jornada viajando pelo espaço com bravura. Marque abaixo tudo o que você viu nesta divertida e fascinante aventura!

Tebe ☐	Telescópio óptico ☐	Elara ☐	Explosão solar ☐
Deimos ☐	Netuno ☐	Rover Lunar Apollo ☐	Urano ☐
Amalteia ☐	Nuvem alta ☐	Encélado ☐	Constelação de Órion ☐
Sonda Crew Dragon ☐	Saturno ☐	Caminhada espacial ☐	Makemake ☐
Terra ☐	Avião Airbus 350 ☐	Marte ☐	Sonda New Horizons ☐
A Grande Mancha Vermelha ☐	Caronte ☐	Rover Opportunity ☐	Júpiter ☐
Mercúrio ☐	Constelação de Leão ☐	Vênus ☐	Sonda espacial Akatsuki ☐

142